별책
부록

엄마표 영어

3·6·5

─ 성공노트 ─

《정재순 10살 전 영어혁명》 비매품

일러두기

- 이 노트는《정재순 10살 전 영어혁명》의 저자가
  두 명의 자녀를 엄마표 영어로 키우며 기록했던 육아 일지를 노트 형식으로 구현한 것입니다.

- 1년 365일(52주) 분량으로 구성했습니다.

- 저작권의 보호를 받으므로 무단복제를 금합니다.

진서원

1주 차 · 진행 일지

항목	내용	시간
영화 보기		
집중 듣기		
읽기		
기타(연따 등)		
		총 ( )
코멘트		

항목	내용	시간
영화 보기		
집중 듣기		
읽기		
기타(연따 등)		
		총 ( )
코멘트		

항목	내용	시간
영화 보기		
집중 듣기		
읽기		
기타(연따 등)		
		총 ( )
코멘트		

항목	내용	시간
영화 보기		
집중 듣기		
읽기		
기타(연따 등)		
		총 ( )
코멘트		

항목	내용	시간
영화 보기		
집중 듣기		
읽기		
기타(연따 등)		
		총 ( )
코멘트		

항목	내용	시간
영화 보기		
집중 듣기		
읽기		
기타(연따 등)		
		총 ( )
코멘트		

2주 차·진행 일지

월   일   요일

항목	내용	시간
영화 보기		
집중 듣기		
읽기		
기타(연따 등)		
		총 ( )
코멘트		

월   일   요일

항목	내용	시간
영화 보기		
집중 듣기		
읽기		
기타(연따 등)		
		총 ( )
코멘트		

월   일   요일

항목	내용	시간
영화 보기		
집중 듣기		
읽기		
기타(연따 등)		
		총 ( )
코멘트		

월   일   요일

항목	내용	시간
영화 보기		
집중 듣기		
읽기		
기타(연따 등)		
		총 ( )
코멘트		

월   일   요일

항목	내용	시간
영화 보기		
집중 듣기		
읽기		
기타(연따 등)		
		총 ( )
코멘트		

월   일   요일

항목	내용	시간
영화 보기		
집중 듣기		
읽기		
기타(연따 등)		
		총 ( )
코멘트		

3주 차 · 진행 일지

월   일   요일

항목	내용	시간
영화 보기		
집중 듣기		
읽기		
기타(연따 등)		
		총 ( )
코멘트		

월   일   요일

항목	내용	시간
영화 보기		
집중 듣기		
읽기		
기타(연따 등)		
		총 ( )
코멘트		

월   일   요일

항목	내용	시간
영화 보기		
집중 듣기		
읽기		
기타(연따 등)		
		총 ( )
코멘트		

항목	내용	시간
영화 보기		
집중 듣기		
읽기		
기타(연따 등)		
		총 ( )
코멘트		

항목	내용	시간
영화 보기		
집중 듣기		
읽기		
기타(연따 등)		
		총 ( )
코멘트		

항목	내용	시간
영화 보기		
집중 듣기		
읽기		
기타(연따 등)		
		총 ( )
코멘트		

4주 차·진행 일지

항목	내용	시간
영화 보기		
집중 듣기		
읽기		
기타(연따 등)		
		총 ( )
코멘트		

항목	내용	시간
영화 보기		
집중 듣기		
읽기		
기타(연따 등)		
		총 ( )
코멘트		

항목	내용	시간
영화 보기		
집중 듣기		
읽기		
기타(연따 등)		
		총 ( )
코멘트		

월   일   요일

항목	내용	시간
영화 보기		
집중 듣기		
읽기		
기타(연따 등)		
		총 ( )
코멘트		

월   일   요일

항목	내용	시간
영화 보기		
집중 듣기		
읽기		
기타(연따 등)		
		총 ( )
코멘트		

월   일   요일

항목	내용	시간
영화 보기		
집중 듣기		
읽기		
기타(연따 등)		
		총 ( )
코멘트		

5주 차 · 진행 일지

월   일   요일

항목	내용	시간
영화 보기		
집중 듣기		
읽기		
기타(연따 등)		
		총 ( )
코멘트		

월   일   요일

항목	내용	시간
영화 보기		
집중 듣기		
읽기		
기타(연따 등)		
		총 ( )
코멘트		

월   일   요일

항목	내용	시간
영화 보기		
집중 듣기		
읽기		
기타(연따 등)		
		총 ( )
코멘트		

항목	내용	시간
영화 보기		
집중 듣기		
읽기		
기타(연따 등)		
		총 ( )
코멘트		

항목	내용	시간
영화 보기		
집중 듣기		
읽기		
기타(연따 등)		
		총 ( )
코멘트		

항목	내용	시간
영화 보기		
집중 듣기		
읽기		
기타(연따 등)		
		총 ( )
코멘트		

6주 차·진행 일지

항목	내용	시간
영화 보기		
집중 듣기		
읽기		
기타(연따 등)		
		총 ( )
코멘트		

항목	내용	시간
영화 보기		
집중 듣기		
읽기		
기타(연따 등)		
		총 ( )
코멘트		

항목	내용	시간
영화 보기		
집중 듣기		
읽기		
기타(연따 등)		
		총 ( )
코멘트		

월   일   요일

항목	내용	시간
영화 보기		
집중 듣기		
읽기		
기타(연따 등)		
		총 ( )
코멘트		

월   일   요일

항목	내용	시간
영화 보기		
집중 듣기		
읽기		
기타(연따 등)		
		총 ( )
코멘트		

월   일   요일

항목	내용	시간
영화 보기		
집중 듣기		
읽기		
기타(연따 등)		
		총 ( )
코멘트		

7주 차 · 진행 일지

월   일   요일

항목	내용	시간
영화 보기		
집중 듣기		
읽기		
기타(연따 등)		
		총 ( )
코멘트		

월   일   요일

항목	내용	시간
영화 보기		
집중 듣기		
읽기		
기타(연따 등)		
		총 ( )
코멘트		

월   일   요일

항목	내용	시간
영화 보기		
집중 듣기		
읽기		
기타(연따 등)		
		총 ( )
코멘트		

항목	내용	시간
영화 보기		
집중 듣기		
읽기		
기타(연따 등)		
		총 ( )
코멘트		

항목	내용	시간
영화 보기		
집중 듣기		
읽기		
기타(연따 등)		
		총 ( )
코멘트		

항목	내용	시간
영화 보기		
집중 듣기		
읽기		
기타(연따 등)		
		총 ( )
코멘트		

8주 차 · 진행 일지

항목	내용	시간
영화 보기		
집중 듣기		
읽기		
기타(연따 등)		
		총 ( )
코멘트		

월   일   요일

항목	내용	시간
영화 보기		
집중 듣기		
읽기		
기타(연따 등)		
		총 ( )
코멘트		

월   일   요일

항목	내용	시간
영화 보기		
집중 듣기		
읽기		
기타(연따 등)		
		총 ( )
코멘트		

월   일   요일

항목	내용	시간
영화 보기		
집중 듣기		
읽기		
기타(연따 등)		
		총 ( )
코멘트		

월   일   요일

항목	내용	시간
영화 보기		
집중 듣기		
읽기		
기타(연따 등)		
		총 ( )
코멘트		

월   일   요일

항목	내용	시간
영화 보기		
집중 듣기		
읽기		
기타(연따 등)		
		총 ( )
코멘트		

9주 차 · 진행 일지

월   일   요일

항목	내용	시간
영화 보기		
집중 듣기		
읽기		
기타(연따 등)		
		총 ( )
코멘트		

월   일   요일

항목	내용	시간
영화 보기		
집중 듣기		
읽기		
기타(연따 등)		
		총 ( )
코멘트		

월   일   요일

항목	내용	시간
영화 보기		
집중 듣기		
읽기		
기타(연따 등)		
		총 ( )
코멘트		

항목	내용	시간
영화 보기		
집중 듣기		
읽기		
기타(연따 등)		
		총 ( )
코멘트		

항목	내용	시간
영화 보기		
집중 듣기		
읽기		
기타(연따 등)		
		총 ( )
코멘트		

항목	내용	시간
영화 보기		
집중 듣기		
읽기		
기타(연따 등)		
		총 ( )
코멘트		

10주 차 · 진행 일지

월   일   요일

항목	내용	시간
영화 보기		
집중 듣기		
읽기		
기타(연따 등)		
		총 ( )
코멘트		

월   일   요일

항목	내용	시간
영화 보기		
집중 듣기		
읽기		
기타(연따 등)		
		총 ( )
코멘트		

월   일   요일

항목	내용	시간
영화 보기		
집중 듣기		
읽기		
기타(연따 등)		
		총 ( )
코멘트		

항목	내용	시간
영화 보기		
집중 듣기		
읽기		
기타(연따 등)		
		총 (　　　)
코멘트		

항목	내용	시간
영화 보기		
집중 듣기		
읽기		
기타(연따 등)		
		총 (　　　)
코멘트		

항목	내용	시간
영화 보기		
집중 듣기		
읽기		
기타(연따 등)		
		총 (　　　)
코멘트		

11주 차 · 진행 일지

월　　일　　요일

항목	내용	시간
영화 보기		
집중 듣기		
읽기		
기타(연따 등)		
		총 (　　　)
코멘트		

월　　일　　요일

항목	내용	시간
영화 보기		
집중 듣기		
읽기		
기타(연따 등)		
		총 (　　　)
코멘트		

월　　일　　요일

항목	내용	시간
영화 보기		
집중 듣기		
읽기		
기타(연따 등)		
		총 (　　　)
코멘트		

항목	내용	시간
영화 보기		
집중 듣기		
읽기		
기타(연따 등)		
		총 ( )
코멘트		

항목	내용	시간
영화 보기		
집중 듣기		
읽기		
기타(연따 등)		
		총 ( )
코멘트		

항목	내용	시간
영화 보기		
집중 듣기		
읽기		
기타(연따 등)		
		총 ( )
코멘트		

12주 차·진행 일지

월   일   요일

항목	내용	시간
영화 보기		
집중 듣기		
읽기		
기타(연따 등)		
		총 ( )
코멘트		

월   일   요일

항목	내용	시간
영화 보기		
집중 듣기		
읽기		
기타(연따 등)		
		총 ( )
코멘트		

월   일   요일

항목	내용	시간
영화 보기		
집중 듣기		
읽기		
기타(연따 등)		
		총 ( )
코멘트		

항목	내용	시간
영화 보기		
집중 듣기		
읽기		
기타(연따 등)		
		총 ( )
코멘트		

항목	내용	시간
영화 보기		
집중 듣기		
읽기		
기타(연따 등)		
		총 ( )
코멘트		

항목	내용	시간
영화 보기		
집중 듣기		
읽기		
기타(연따 등)		
		총 ( )
코멘트		

13주 차 · 진행 일지

월   일   요일

항목	내용	시간
영화 보기		
집중 듣기		
읽기		
기타(연따 등)		
		총 ( )
코멘트		

월   일   요일

항목	내용	시간
영화 보기		
집중 듣기		
읽기		
기타(연따 등)		
		총 ( )
코멘트		

월   일   요일

항목	내용	시간
영화 보기		
집중 듣기		
읽기		
기타(연따 등)		
		총 ( )
코멘트		

월   일   요일

항목	내용	시간
영화 보기		
집중 듣기		
읽기		
기타(연따 등)		
		총 ( )
코멘트		

월   일   요일

항목	내용	시간
영화 보기		
집중 듣기		
읽기		
기타(연따 등)		
		총 ( )
코멘트		

월   일   요일

항목	내용	시간
영화 보기		
집중 듣기		
읽기		
기타(연따 등)		
		총 ( )
코멘트		

14주 차 · 진행 일지

월   일   요일

항목	내용	시간
영화 보기		
집중 듣기		
읽기		
기타(연따 등)		
		총 ( )
코멘트		

월   일   요일

항목	내용	시간
영화 보기		
집중 듣기		
읽기		
기타(연따 등)		
		총 ( )
코멘트		

월   일   요일

항목	내용	시간
영화 보기		
집중 듣기		
읽기		
기타(연따 등)		
		총 ( )
코멘트		

항목	내용	시간
영화 보기		
집중 듣기		
읽기		
기타(연따 등)		
		총 ( )
코멘트		

항목	내용	시간
영화 보기		
집중 듣기		
읽기		
기타(연따 등)		
		총 ( )
코멘트		

항목	내용	시간
영화 보기		
집중 듣기		
읽기		
기타(연따 등)		
		총 ( )
코멘트		

15주 차 · 진행 일지

월   일   요일

항목	내용	시간
영화 보기		
집중 듣기		
읽기		
기타(연따 등)		
		총 ( )
코멘트		

월   일   요일

항목	내용	시간
영화 보기		
집중 듣기		
읽기		
기타(연따 등)		
		총 ( )
코멘트		

월   일   요일

항목	내용	시간
영화 보기		
집중 듣기		
읽기		
기타(연따 등)		
		총 ( )
코멘트		

월   일   요일

항목	내용	시간
영화 보기		
집중 듣기		
읽기		
기타(연따 등)		
		총 ( )
코멘트		

월   일   요일

항목	내용	시간
영화 보기		
집중 듣기		
읽기		
기타(연따 등)		
		총 ( )
코멘트		

월   일   요일

항목	내용	시간
영화 보기		
집중 듣기		
읽기		
기타(연따 등)		
		총 ( )
코멘트		

16주 차 · 진행 일지

항목	내용	시간
영화 보기		
집중 듣기		
읽기		
기타(연따 등)		
		총 ( )
코멘트		

항목	내용	시간
영화 보기		
집중 듣기		
읽기		
기타(연따 등)		
		총 ( )
코멘트		

항목	내용	시간
영화 보기		
집중 듣기		
읽기		
기타(연따 등)		
		총 ( )
코멘트		

항목	내용	시간
영화 보기		
집중 듣기		
읽기		
기타(연따 등)		
		총 ( )
코멘트		

항목	내용	시간
영화 보기		
집중 듣기		
읽기		
기타(연따 등)		
		총 ( )
코멘트		

항목	내용	시간
영화 보기		
집중 듣기		
읽기		
기타(연따 등)		
		총 ( )
코멘트		

17주 차 · 진행 일지

항목	내용	시간
영화 보기		
집중 듣기		
읽기		
기타(연따 등)		
		총 ( )
코멘트		

항목	내용	시간
영화 보기		
집중 듣기		
읽기		
기타(연따 등)		
		총 ( )
코멘트		

항목	내용	시간
영화 보기		
집중 듣기		
읽기		
기타(연따 등)		
		총 ( )
코멘트		

항목	내용	시간
영화 보기		
집중 듣기		
읽기		
기타(연따 등)		
		총 ( )
코멘트		

항목	내용	시간
영화 보기		
집중 듣기		
읽기		
기타(연따 등)		
		총 ( )
코멘트		

항목	내용	시간
영화 보기		
집중 듣기		
읽기		
기타(연따 등)		
		총 ( )
코멘트		

18주 차·진행 일지

항목	내용	시간
영화 보기		
집중 듣기		
읽기		
기타(연따 등)		
		총 (　　　)
코멘트		

월　　　일　　　요일

항목	내용	시간
영화 보기		
집중 듣기		
읽기		
기타(연따 등)		
		총 (　　　)
코멘트		

월　　　일　　　요일

항목	내용	시간
영화 보기		
집중 듣기		
읽기		
기타(연따 등)		
		총 (　　　)
코멘트		

항목	내용	시간
영화 보기		
집중 듣기		
읽기		
기타(연따 등)		
		총 ( )
코멘트		

항목	내용	시간
영화 보기		
집중 듣기		
읽기		
기타(연따 등)		
		총 ( )
코멘트		

항목	내용	시간
영화 보기		
집중 듣기		
읽기		
기타(연따 등)		
		총 ( )
코멘트		

19주 차 · 진행 일지

월   일   요일

항목	내용	시간
영화 보기		
집중 듣기		
읽기		
기타(연따 등)		
		총 ( )
코멘트		

월   일   요일

항목	내용	시간
영화 보기		
집중 듣기		
읽기		
기타(연따 등)		
		총 ( )
코멘트		

월   일   요일

항목	내용	시간
영화 보기		
집중 듣기		
읽기		
기타(연따 등)		
		총 ( )
코멘트		

항목	내용	시간
영화 보기		
집중 듣기		
읽기		
기타(연따 등)		
		총 ( )
코멘트		

항목	내용	시간
영화 보기		
집중 듣기		
읽기		
기타(연따 등)		
		총 ( )
코멘트		

항목	내용	시간
영화 보기		
집중 듣기		
읽기		
기타(연따 등)		
		총 ( )
코멘트		

20주 차 · 진행 일지

항목	내용	시간
영화 보기		
집중 듣기		
읽기		
기타(연따 등)		
		총 ( )
코멘트		

월   일   요일

항목	내용	시간
영화 보기		
집중 듣기		
읽기		
기타(연따 등)		
		총 ( )
코멘트		

월   일   요일

항목	내용	시간
영화 보기		
집중 듣기		
읽기		
기타(연따 등)		
		총 ( )
코멘트		

항목	내용	시간
영화 보기		
집중 듣기		
읽기		
기타(연따 등)		
		총 ( )
코멘트		

항목	내용	시간
영화 보기		
집중 듣기		
읽기		
기타(연따 등)		
		총 ( )
코멘트		

항목	내용	시간
영화 보기		
집중 듣기		
읽기		
기타(연따 등)		
		총 ( )
코멘트		

21주 차 · 진행 일지

월   일   요일

항목	내용	시간
영화 보기		
집중 듣기		
읽기		
기타(연따 등)		
		총 ( )
코멘트		

월   일   요일

항목	내용	시간
영화 보기		
집중 듣기		
읽기		
기타(연따 등)		
		총 ( )
코멘트		

월   일   요일

항목	내용	시간
영화 보기		
집중 듣기		
읽기		
기타(연따 등)		
		총 ( )
코멘트		

항목	내용	시간
영화 보기		
집중 듣기		
읽기		
기타(연따 등)		
		총 ( )
코멘트		

항목	내용	시간
영화 보기		
집중 듣기		
읽기		
기타(연따 등)		
		총 ( )
코멘트		

항목	내용	시간
영화 보기		
집중 듣기		
읽기		
기타(연따 등)		
		총 ( )
코멘트		

22주 차 · 진행 일지

항목	내용	시간
영화 보기		
집중 듣기		
읽기		
기타(연따 등)		
		총 ( )
코멘트		

항목	내용	시간
영화 보기		
집중 듣기		
읽기		
기타(연따 등)		
		총 ( )
코멘트		

항목	내용	시간
영화 보기		
집중 듣기		
읽기		
기타(연따 등)		
		총 ( )
코멘트		

항목	내용	시간
영화 보기		
집중 듣기		
읽기		
기타(연따 등)		
		총 ( )
코멘트		

항목	내용	시간
영화 보기		
집중 듣기		
읽기		
기타(연따 등)		
		총 ( )
코멘트		

항목	내용	시간
영화 보기		
집중 듣기		
읽기		
기타(연따 등)		
		총 ( )
코멘트		

23주 차 · 진행 일지

월   일   요일

항목	내용	시간
영화 보기		
집중 듣기		
읽기		
기타(연따 등)		
		총 ( )
코멘트		

월   일   요일

항목	내용	시간
영화 보기		
집중 듣기		
읽기		
기타(연따 등)		
		총 ( )
코멘트		

월   일   요일

항목	내용	시간
영화 보기		
집중 듣기		
읽기		
기타(연따 등)		
		총 ( )
코멘트		

항목	내용	시간
영화 보기		
집중 듣기		
읽기		
기타(연따 등)		
		총 ( )
코멘트		

항목	내용	시간
영화 보기		
집중 듣기		
읽기		
기타(연따 등)		
		총 ( )
코멘트		

항목	내용	시간
영화 보기		
집중 듣기		
읽기		
기타(연따 등)		
		총 ( )
코멘트		

24주 차·진행 일지

항목	내용	시간
영화 보기		
집중 듣기		
읽기		
기타(연따 등)		
		총 ( )
코멘트		

항목	내용	시간
영화 보기		
집중 듣기		
읽기		
기타(연따 등)		
		총 ( )
코멘트		

항목	내용	시간
영화 보기		
집중 듣기		
읽기		
기타(연따 등)		
		총 ( )
코멘트		

항목	내용	시간
영화 보기		
집중 듣기		
읽기		
기타(연따 등)		
		총 ( )
코멘트		

항목	내용	시간
영화 보기		
집중 듣기		
읽기		
기타(연따 등)		
		총 ( )
코멘트		

항목	내용	시간
영화 보기		
집중 듣기		
읽기		
기타(연따 등)		
		총 ( )
코멘트		

25주 차 · 진행 일지

월   일   요일

항목	내용	시간
영화 보기		
집중 듣기		
읽기		
기타(연따 등)		
		총 ( )
코멘트		

월   일   요일

항목	내용	시간
영화 보기		
집중 듣기		
읽기		
기타(연따 등)		
		총 ( )
코멘트		

월   일   요일

항목	내용	시간
영화 보기		
집중 듣기		
읽기		
기타(연따 등)		
		총 ( )
코멘트		

항목	내용	시간
영화 보기		
집중 듣기		
읽기		
기타(연따 등)		
		총 ( )
코멘트		

항목	내용	시간
영화 보기		
집중 듣기		
읽기		
기타(연따 등)		
		총 ( )
코멘트		

항목	내용	시간
영화 보기		
집중 듣기		
읽기		
기타(연따 등)		
		총 ( )
코멘트		

26주 차 · 진행 일지

월   일   요일

항목	내용	시간
영화 보기		
집중 듣기		
읽기		
기타(연따 등)		
		총 ( )
코멘트		

월   일   요일

항목	내용	시간
영화 보기		
집중 듣기		
읽기		
기타(연따 등)		
		총 ( )
코멘트		

월   일   요일

항목	내용	시간
영화 보기		
집중 듣기		
읽기		
기타(연따 등)		
		총 ( )
코멘트		

월   일   요일

항목	내용	시간
영화 보기		
집중 듣기		
읽기		
기타(연따 등)		
		총 ( )
코멘트		

월   일   요일

항목	내용	시간
영화 보기		
집중 듣기		
읽기		
기타(연따 등)		
		총 ( )
코멘트		

월   일   요일

항목	내용	시간
영화 보기		
집중 듣기		
읽기		
기타(연따 등)		
		총 ( )
코멘트		

27주 차 · 진행 일지

월   일   요일

항목	내용	시간
영화 보기		
집중 듣기		
읽기		
기타(연따 등)		
		총 ( )
코멘트		

월   일   요일

항목	내용	시간
영화 보기		
집중 듣기		
읽기		
기타(연따 등)		
		총 ( )
코멘트		

월   일   요일

항목	내용	시간
영화 보기		
집중 듣기		
읽기		
기타(연따 등)		
		총 ( )
코멘트		

월   일   요일

항목	내용	시간
영화 보기		
집중 듣기		
읽기		
기타(연따 등)		
		총 ( )
코멘트		

월   일   요일

항목	내용	시간
영화 보기		
집중 듣기		
읽기		
기타(연따 등)		
		총 ( )
코멘트		

월   일   요일

항목	내용	시간
영화 보기		
집중 듣기		
읽기		
기타(연따 등)		
		총 ( )
코멘트		

28주 차 · 진행 일지

월   일   요일

항목	내용	시간
영화 보기		
집중 듣기		
읽기		
기타(연따 등)		
		총 ( )
코멘트		

월   일   요일

항목	내용	시간
영화 보기		
집중 듣기		
읽기		
기타(연따 등)		
		총 ( )
코멘트		

월   일   요일

항목	내용	시간
영화 보기		
집중 듣기		
읽기		
기타(연따 등)		
		총 ( )
코멘트		

항목	내용	시간
영화 보기		
집중 듣기		
읽기		
기타(연따 등)		
		총 ( )
코멘트		

항목	내용	시간
영화 보기		
집중 듣기		
읽기		
기타(연따 등)		
		총 ( )
코멘트		

항목	내용	시간
영화 보기		
집중 듣기		
읽기		
기타(연따 등)		
		총 ( )
코멘트		

29주 차 · 진행 일지

월   일   요일

항목	내용	시간
영화 보기		
집중 듣기		
읽기		
기타(연따 등)		
		총 ( )
코멘트		

월   일   요일

항목	내용	시간
영화 보기		
집중 듣기		
읽기		
기타(연따 등)		
		총 ( )
코멘트		

월   일   요일

항목	내용	시간
영화 보기		
집중 듣기		
읽기		
기타(연따 등)		
		총 ( )
코멘트		

항목	내용	시간
영화 보기		
집중 듣기		
읽기		
기타(연따 등)		
		총 ( )
코멘트		

항목	내용	시간
영화 보기		
집중 듣기		
읽기		
기타(연따 등)		
		총 ( )
코멘트		

항목	내용	시간
영화 보기		
집중 듣기		
읽기		
기타(연따 등)		
		총 ( )
코멘트		

30주 차 · 진행 일지

월   일   요일

항목	내용	시간
영화 보기		
집중 듣기		
읽기		
기타(연따 등)		
		총 ( )
코멘트		

월   일   요일

항목	내용	시간
영화 보기		
집중 듣기		
읽기		
기타(연따 등)		
		총 ( )
코멘트		

월   일   요일

항목	내용	시간
영화 보기		
집중 듣기		
읽기		
기타(연따 등)		
		총 ( )
코멘트		

항목	내용	시간
영화 보기		
집중 듣기		
읽기		
기타(연따 등)		
		총 ( )
코멘트		

항목	내용	시간
영화 보기		
집중 듣기		
읽기		
기타(연따 등)		
		총 ( )
코멘트		

항목	내용	시간
영화 보기		
집중 듣기		
읽기		
기타(연따 등)		
		총 ( )
코멘트		

31주 차 · 진행 일지

월   일   요일

항목	내용	시간
영화 보기		
집중 듣기		
읽기		
기타(연따 등)		
		총 ( )
코멘트		

월   일   요일

항목	내용	시간
영화 보기		
집중 듣기		
읽기		
기타(연따 등)		
		총 ( )
코멘트		

월   일   요일

항목	내용	시간
영화 보기		
집중 듣기		
읽기		
기타(연따 등)		
		총 ( )
코멘트		

월   일   요일

항목	내용	시간
영화 보기		
집중 듣기		
읽기		
기타(연따 등)		
		총 ( )
코멘트		

월   일   요일

항목	내용	시간
영화 보기		
집중 듣기		
읽기		
기타(연따 등)		
		총 ( )
코멘트		

월   일   요일

항목	내용	시간
영화 보기		
집중 듣기		
읽기		
기타(연따 등)		
		총 ( )
코멘트		

32주 차 · 진행 일지

항목	내용	시간
영화 보기		
집중 듣기		
읽기		
기타(연따 등)		
		총 (　　　　)
코멘트		

항목	내용	시간
영화 보기		
집중 듣기		
읽기		
기타(연따 등)		
		총 (　　　　)
코멘트		

항목	내용	시간
영화 보기		
집중 듣기		
읽기		
기타(연따 등)		
		총 (　　　　)
코멘트		

월   일   요일

항목	내용	시간
영화 보기		
집중 듣기		
읽기		
기타(연따 등)		
		총 ( )
코멘트		

월   일   요일

항목	내용	시간
영화 보기		
집중 듣기		
읽기		
기타(연따 등)		
		총 ( )
코멘트		

월   일   요일

항목	내용	시간
영화 보기		
집중 듣기		
읽기		
기타(연따 등)		
		총 ( )
코멘트		

33주 차 · 진행 일지

월   일   요일

항목	내용	시간
영화 보기		
집중 듣기		
읽기		
기타(연따 등)		
		총 ( )
코멘트		

월   일   요일

항목	내용	시간
영화 보기		
집중 듣기		
읽기		
기타(연따 등)		
		총 ( )
코멘트		

월   일   요일

항목	내용	시간
영화 보기		
집중 듣기		
읽기		
기타(연따 등)		
		총 ( )
코멘트		

항목	내용	시간
영화 보기		
집중 듣기		
읽기		
기타(연따 등)		
		총 ( )
코멘트		

항목	내용	시간
영화 보기		
집중 듣기		
읽기		
기타(연따 등)		
		총 ( )
코멘트		

항목	내용	시간
영화 보기		
집중 듣기		
읽기		
기타(연따 등)		
		총 ( )
코멘트		

34주 차 · 진행 일지

항목	내용	시간
영화 보기		
집중 듣기		
읽기		
기타(연따 등)		
		총 ( )
코멘트		

항목	내용	시간
영화 보기		
집중 듣기		
읽기		
기타(연따 등)		
		총 ( )
코멘트		

항목	내용	시간
영화 보기		
집중 듣기		
읽기		
기타(연따 등)		
		총 ( )
코멘트		

항목	내용	시간
영화 보기		
집중 듣기		
읽기		
기타(연따 등)		
		총 ( )
코멘트		

항목	내용	시간
영화 보기		
집중 듣기		
읽기		
기타(연따 등)		
		총 ( )
코멘트		

항목	내용	시간
영화 보기		
집중 듣기		
읽기		
기타(연따 등)		
		총 ( )
코멘트		

35주 차 · 진행 일지

항목	내용	시간
영화 보기		
집중 듣기		
읽기		
기타(연따 등)		
		총 ( )
코멘트		

월   일   요일

항목	내용	시간
영화 보기		
집중 듣기		
읽기		
기타(연따 등)		
		총 ( )
코멘트		

월   일   요일

항목	내용	시간
영화 보기		
집중 듣기		
읽기		
기타(연따 등)		
		총 ( )
코멘트		

항목	내용	시간
영화 보기		
집중 듣기		
읽기		
기타(연따 등)		
		총 ( )
코멘트		

항목	내용	시간
영화 보기		
집중 듣기		
읽기		
기타(연따 등)		
		총 ( )
코멘트		

항목	내용	시간
영화 보기		
집중 듣기		
읽기		
기타(연따 등)		
		총 ( )
코멘트		

36주 차 · 진행 일지

항목	내용	시간
영화 보기		
집중 듣기		
읽기		
기타(연따 등)		
		총 ( )
코멘트		

항목	내용	시간
영화 보기		
집중 듣기		
읽기		
기타(연따 등)		
		총 ( )
코멘트		

항목	내용	시간
영화 보기		
집중 듣기		
읽기		
기타(연따 등)		
		총 ( )
코멘트		

월   일   요일

항목	내용	시간
영화 보기		
집중 듣기		
읽기		
기타(연따 등)		
		총 ( )
코멘트		

월   일   요일

항목	내용	시간
영화 보기		
집중 듣기		
읽기		
기타(연따 등)		
		총 ( )
코멘트		

월   일   요일

항목	내용	시간
영화 보기		
집중 듣기		
읽기		
기타(연따 등)		
		총 ( )
코멘트		

37주 차 · 진행 일지

월   일   요일

항목	내용	시간
영화 보기		
집중 듣기		
읽기		
기타(연따 등)		
		총 ( )
코멘트		

월   일   요일

항목	내용	시간
영화 보기		
집중 듣기		
읽기		
기타(연따 등)		
		총 ( )
코멘트		

월   일   요일

항목	내용	시간
영화 보기		
집중 듣기		
읽기		
기타(연따 등)		
		총 ( )
코멘트		

월   일   요일

항목	내용	시간
영화 보기		
집중 듣기		
읽기		
기타(연따 등)		
		총 ( )
코멘트		

월   일   요일

항목	내용	시간
영화 보기		
집중 듣기		
읽기		
기타(연따 등)		
		총 ( )
코멘트		

월   일   요일

항목	내용	시간
영화 보기		
집중 듣기		
읽기		
기타(연따 등)		
		총 ( )
코멘트		

38주 차 · 진행 일지

월   일   요일

항목	내용	시간
영화 보기		
집중 듣기		
읽기		
기타(연따 등)		
		총 ( )
코멘트		

월   일   요일

항목	내용	시간
영화 보기		
집중 듣기		
읽기		
기타(연따 등)		
		총 ( )
코멘트		

월   일   요일

항목	내용	시간
영화 보기		
집중 듣기		
읽기		
기타(연따 등)		
		총 ( )
코멘트		

월   일   요일

항목	내용	시간
영화 보기		
집중 듣기		
읽기		
기타(연따 등)		
		총 ( )
코멘트		

월   일   요일

항목	내용	시간
영화 보기		
집중 듣기		
읽기		
기타(연따 등)		
		총 ( )
코멘트		

월   일   요일

항목	내용	시간
영화 보기		
집중 듣기		
읽기		
기타(연따 등)		
		총 ( )
코멘트		

39주 차 · 진행 일지

월   일   요일

항목	내용	시간
영화 보기		
집중 듣기		
읽기		
기타(연따 등)		
		총 ( )
코멘트		

월   일   요일

항목	내용	시간
영화 보기		
집중 듣기		
읽기		
기타(연따 등)		
		총 ( )
코멘트		

월   일   요일

항목	내용	시간
영화 보기		
집중 듣기		
읽기		
기타(연따 등)		
		총 ( )
코멘트		

월   일   요일

항목	내용	시간
영화 보기		
집중 듣기		
읽기		
기타(연따 등)		
		총 ( )
코멘트		

월   일   요일

항목	내용	시간
영화 보기		
집중 듣기		
읽기		
기타(연따 등)		
		총 ( )
코멘트		

월   일   요일

항목	내용	시간
영화 보기		
집중 듣기		
읽기		
기타(연따 등)		
		총 ( )
코멘트		

40주 차 · 진행 일지

월   일   요일

항목	내용	시간
영화 보기		
집중 듣기		
읽기		
기타(연따 등)		
		총 ( )
코멘트		

월   일   요일

항목	내용	시간
영화 보기		
집중 듣기		
읽기		
기타(연따 등)		
		총 ( )
코멘트		

월   일   요일

항목	내용	시간
영화 보기		
집중 듣기		
읽기		
기타(연따 등)		
		총 ( )
코멘트		

월   일   요일

항목	내용	시간
영화 보기		
집중 듣기		
읽기		
기타(연따 등)		
		총 ( )
코멘트		

월   일   요일

항목	내용	시간
영화 보기		
집중 듣기		
읽기		
기타(연따 등)		
		총 ( )
코멘트		

월   일   요일

항목	내용	시간
영화 보기		
집중 듣기		
읽기		
기타(연따 등)		
		총 ( )
코멘트		

41주 차 · 진행 일지

월   일   요일

항목	내용	시간
영화 보기		
집중 듣기		
읽기		
기타(연따 등)		
		총 ( )
코멘트		

월   일   요일

항목	내용	시간
영화 보기		
집중 듣기		
읽기		
기타(연따 등)		
		총 ( )
코멘트		

월   일   요일

항목	내용	시간
영화 보기		
집중 듣기		
읽기		
기타(연따 등)		
		총 ( )
코멘트		

월   일   요일

항목	내용	시간
영화 보기		
집중 듣기		
읽기		
기타(연따 등)		
		총 ( )
코멘트		

월   일   요일

항목	내용	시간
영화 보기		
집중 듣기		
읽기		
기타(연따 등)		
		총 ( )
코멘트		

월   일   요일

항목	내용	시간
영화 보기		
집중 듣기		
읽기		
기타(연따 등)		
		총 ( )
코멘트		

42주 차 · 진행 일지

월   일   요일

항목	내용	시간
영화 보기		
집중 듣기		
읽기		
기타(연따 등)		
		총 ( )
코멘트		

월   일   요일

항목	내용	시간
영화 보기		
집중 듣기		
읽기		
기타(연따 등)		
		총 ( )
코멘트		

월   일   요일

항목	내용	시간
영화 보기		
집중 듣기		
읽기		
기타(연따 등)		
		총 ( )
코멘트		

항목	내용	시간
영화 보기		
집중 듣기		
읽기		
기타(연따 등)		
		총 ( )
코멘트		

항목	내용	시간
영화 보기		
집중 듣기		
읽기		
기타(연따 등)		
		총 ( )
코멘트		

항목	내용	시간
영화 보기		
집중 듣기		
읽기		
기타(연따 등)		
		총 ( )
코멘트		

43주 차 · 진행 일지

월   일   요일

항목	내용	시간
영화 보기		
집중 듣기		
읽기		
기타(연따 등)		
		총 ( )
코멘트		

월   일   요일

항목	내용	시간
영화 보기		
집중 듣기		
읽기		
기타(연따 등)		
		총 ( )
코멘트		

월   일   요일

항목	내용	시간
영화 보기		
집중 듣기		
읽기		
기타(연따 등)		
		총 ( )
코멘트		

항목	내용	시간
영화 보기		
집중 듣기		
읽기		
기타(연따 등)		
		총 ( )
코멘트		

항목	내용	시간
영화 보기		
집중 듣기		
읽기		
기타(연따 등)		
		총 ( )
코멘트		

항목	내용	시간
영화 보기		
집중 듣기		
읽기		
기타(연따 등)		
		총 ( )
코멘트		

44주 차 · 진행 일지

항목	내용	시간
영화 보기		
집중 듣기		
읽기		
기타(연따 등)		
		총 ( )
코멘트		

항목	내용	시간
영화 보기		
집중 듣기		
읽기		
기타(연따 등)		
		총 ( )
코멘트		

항목	내용	시간
영화 보기		
집중 듣기		
읽기		
기타(연따 등)		
		총 ( )
코멘트		

항목	내용	시간
영화 보기		
집중 듣기		
읽기		
기타(연따 등)		
		총 ( )
코멘트		

항목	내용	시간
영화 보기		
집중 듣기		
읽기		
기타(연따 등)		
		총 ( )
코멘트		

항목	내용	시간
영화 보기		
집중 듣기		
읽기		
기타(연따 등)		
		총 ( )
코멘트		

45주 차 · 진행 일지

월   일   요일

항목	내용	시간
영화 보기		
집중 듣기		
읽기		
기타(연따 등)		
		총 ( )
코멘트		

월   일   요일

항목	내용	시간
영화 보기		
집중 듣기		
읽기		
기타(연따 등)		
		총 ( )
코멘트		

월   일   요일

항목	내용	시간
영화 보기		
집중 듣기		
읽기		
기타(연따 등)		
		총 ( )
코멘트		

항목	내용	시간
영화 보기		
집중 듣기		
읽기		
기타(연따 등)		
		총 ( )
코멘트		

항목	내용	시간
영화 보기		
집중 듣기		
읽기		
기타(연따 등)		
		총 ( )
코멘트		

항목	내용	시간
영화 보기		
집중 듣기		
읽기		
기타(연따 등)		
		총 ( )
코멘트		

46주 차 · 진행 일지

월   일   요일

항목	내용	시간
영화 보기		
집중 듣기		
읽기		
기타(연따 등)		
		총 ( )
코멘트		

월   일   요일

항목	내용	시간
영화 보기		
집중 듣기		
읽기		
기타(연따 등)		
		총 ( )
코멘트		

월   일   요일

항목	내용	시간
영화 보기		
집중 듣기		
읽기		
기타(연따 등)		
		총 ( )
코멘트		

항목	내용	시간
영화 보기		
집중 듣기		
읽기		
기타(연따 등)		
		총 ( )
코멘트		

항목	내용	시간
영화 보기		
집중 듣기		
읽기		
기타(연따 등)		
		총 ( )
코멘트		

항목	내용	시간
영화 보기		
집중 듣기		
읽기		
기타(연따 등)		
		총 ( )
코멘트		

47주 차 · 진행 일지

월   일   요일

항목	내용	시간
영화 보기		
집중 듣기		
읽기		
기타(연따 등)		
		총 ( )
코멘트		

월   일   요일

항목	내용	시간
영화 보기		
집중 듣기		
읽기		
기타(연따 등)		
		총 ( )
코멘트		

월   일   요일

항목	내용	시간
영화 보기		
집중 듣기		
읽기		
기타(연따 등)		
		총 ( )
코멘트		

항목	내용	시간
영화 보기		
집중 듣기		
읽기		
기타(연따 등)		
		총 ( )
코멘트		

항목	내용	시간
영화 보기		
집중 듣기		
읽기		
기타(연따 등)		
		총 ( )
코멘트		

항목	내용	시간
영화 보기		
집중 듣기		
읽기		
기타(연따 등)		
		총 ( )
코멘트		

48주 차 · 진행 일지

월   일   요일

항목	내용	시간
영화 보기		
집중 듣기		
읽기		
기타(연따 등)		
		총 ( )
코멘트		

월   일   요일

항목	내용	시간
영화 보기		
집중 듣기		
읽기		
기타(연따 등)		
		총 ( )
코멘트		

월   일   요일

항목	내용	시간
영화 보기		
집중 듣기		
읽기		
기타(연따 등)		
		총 ( )
코멘트		

월   일   요일

항목	내용	시간
영화 보기		
집중 듣기		
읽기		
기타(연따 등)		
		총 ( )
코멘트		

월   일   요일

항목	내용	시간
영화 보기		
집중 듣기		
읽기		
기타(연따 등)		
		총 ( )
코멘트		

월   일   요일

항목	내용	시간
영화 보기		
집중 듣기		
읽기		
기타(연따 등)		
		총 ( )
코멘트		

49주 차 · 진행 일지

월　　일　　요일

항목	내용	시간
영화 보기		
집중 듣기		
읽기		
기타(연따 등)		
		총 (　　　)
코멘트		

월　　일　　요일

항목	내용	시간
영화 보기		
집중 듣기		
읽기		
기타(연따 등)		
		총 (　　　)
코멘트		

월　　일　　요일

항목	내용	시간
영화 보기		
집중 듣기		
읽기		
기타(연따 등)		
		총 (　　　)
코멘트		

항목	내용	시간
영화 보기		
집중 듣기		
읽기		
기타(연따 등)		
		총 ( )
코멘트		

항목	내용	시간
영화 보기		
집중 듣기		
읽기		
기타(연따 등)		
		총 ( )
코멘트		

항목	내용	시간
영화 보기		
집중 듣기		
읽기		
기타(연따 등)		
		총 ( )
코멘트		

50주 차·진행 일지

월   일   요일

항목	내용	시간
영화 보기		
집중 듣기		
읽기		
기타(연따 등)		
		총 ( )
코멘트		

월   일   요일

항목	내용	시간
영화 보기		
집중 듣기		
읽기		
기타(연따 등)		
		총 ( )
코멘트		

월   일   요일

항목	내용	시간
영화 보기		
집중 듣기		
읽기		
기타(연따 등)		
		총 ( )
코멘트		

항목	내용	시간
영화 보기		
집중 듣기		
읽기		
기타(연따 등)		
		총 ( )
코멘트		

항목	내용	시간
영화 보기		
집중 듣기		
읽기		
기타(연따 등)		
		총 ( )
코멘트		

항목	내용	시간
영화 보기		
집중 듣기		
읽기		
기타(연따 등)		
		총 ( )
코멘트		

51주 차·진행 일지

월   일   요일

항목	내용	시간
영화 보기		
집중 듣기		
읽기		
기타(연따 등)		
		총 ( )
코멘트		

월   일   요일

항목	내용	시간
영화 보기		
집중 듣기		
읽기		
기타(연따 등)		
		총 ( )
코멘트		

월   일   요일

항목	내용	시간
영화 보기		
집중 듣기		
읽기		
기타(연따 등)		
		총 ( )
코멘트		

항목	내용	시간
영화 보기		
집중 듣기		
읽기		
기타(연따 등)		
		총 ( )
코멘트		

항목	내용	시간
영화 보기		
집중 듣기		
읽기		
기타(연따 등)		
		총 ( )
코멘트		

항목	내용	시간
영화 보기		
집중 듣기		
읽기		
기타(연따 등)		
		총 ( )
코멘트		

52주 차 · 진행 일지

월　　일　　요일

항목	내용	시간
영화 보기		
집중 듣기		
읽기		
기타(연따 등)		
		총 (　　　　)
코멘트		

월　　일　　요일

항목	내용	시간
영화 보기		
집중 듣기		
읽기		
기타(연따 등)		
		총 (　　　　)
코멘트		

월　　일　　요일

항목	내용	시간
영화 보기		
집중 듣기		
읽기		
기타(연따 등)		
		총 (　　　　)
코멘트		

항목	내용	시간
영화 보기		
집중 듣기		
읽기		
기타(연따 등)		
		총 ( )
코멘트		

항목	내용	시간
영화 보기		
집중 듣기		
읽기		
기타(연따 등)		
		총 ( )
코멘트		

항목	내용	시간
영화 보기		
집중 듣기		
읽기		
기타(연따 등)		
		총 ( )
코멘트		

Memo

뿌듯해 4자성어 초등 일기쓰기

뿌듯해콘텐츠연구소 | 각 8,800원

숙제는 싫지만
4행시 쓰기는 재미있어요!

· 초등학교 교과서 연계 고사성어 엄선!
· 1일 4행시! 딱 하루만 써 봐! 뿌듯해!
· 4자성어 인증샷 올려서 백일장 도전!

뿌듯해 3행시 초등 일기쓰기

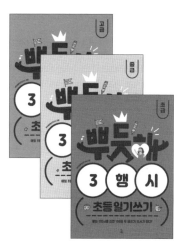

뿌듯해콘텐츠연구소 | 각 8,800원

매일 3행시를 쓰면
100일 후 글쓰기 도사!

· 꾸준함을 선물하는 <뿌듯해> 학습 프로그램
· 10분 안에 끝! 부담감 제로! 성취감 급상승!
· 3행시 쓰고! 스티커 붙이고! 백일장 도전!

뿌듯해 종이접기 시리즈

손을 쓰면 뇌가 발달하고 놀이를 하면 몸이 건강해져요!

장새롬(멋진롬) 지음 | 13,500원

이시카와 마리코 지음 | 13,500원

강준규 지음 | 13,500원

맘마미아 어린이 경제왕

맘마미아 원저 | 이금희 글·그림 | 10,500원

만화로 쉽게! 평생 가는 용돈관리 실천법!
우리 아이 100세까지 돈 걱정 OUT!

· 90만 열광 《맘마미아》 시리즈 만화판!

· 게임처럼 재미있고 만화처럼 쉽다!
  → 200원 행복재테크, 21일 비밀달력, 500원 강제저축 등

· 초등 교과서 완벽 연계!
  → 초등 교과서 집필진 감수 전격 참여